LES
COMÉDIENS

ET LA
LÉGION D'HONNEUR

PAR

MARCUS NOTHING

La guêpe ne s'attache qu'aux bons fruits.
(Proverbe hollandais.)

PARIS

E. DENTU, LIB.-ÉDITEUR | A LA LIBRAIRIE CENTRALE
PALAIS-ROYAL, 17-19, GALERIE D'ORLÉANS | 24, BOULEVARD DES ITALIENS

1863

LES
COMÉDIENS

ET LA

LÉGION D'HONNEUR

Je ne suis ni comédien, ni homme de lettres, *ni quoi que soit qui
tienne à quelque chose.* Je ne puis à aucun titre prétendre à la Légion d'honneur. — Je suis donc parfaitement désintéressé dans la
question que l'on discute en ce moment.

Convient-il, oui ou non, de décorer un comédien ?

Beaucoup auraient cru, il n'y a pas longtemps encore, qu'il était
impossible à des hommes sensés de donner une seule raison contre
la décoration des artistes dramatiques. — Il n'en est pas ainsi : on
a essayé de démontrer qu'on devait les exclure de cet honneur.

Il me serait facile de résoudre le problème en analysant chaque
démonstration et les idées et les sentiments qui l'ont produite. —
Je ferais voir, par exemple, comment, pour ne pas perdre un *joli
mot,* certaines gens disent le contraire de ce qu'ils penseraient s'ils
réfléchissaient un seul instant.

Pour ce faire, il faudrait attaquer des personnalités, froisser des amours-propres, montrer à des individus qui sont de bonne foi cependant, les instincts qui les poussent à leur insu à des sentiments presque secrets pour eux-mêmes et qui gouvernent leur conscience ; en un mot, il faudrait montrer le fond ou plutôt le double fond de certains caractères. Cela serait désagréable à plus d'un et ne modifierait assurément la manière de voir de personne. — Mieux vaut, je le crois, traiter la question comme si elle n'avait jamais été discutée, pour la question même, et sans attaquer les idées personnelles de qui que ce soit. — Il est bien entendu que, si quelques-uns de mes exemples répondaient à des personnalités, ce n'est nullement pour demander qu'on décore celui que je laisse deviner. — Je ne réclame point la croix pour M. A. plutôt que pour M. B. Je la demande pour le mérite et pour le talent, sans vouloir désigner aucun individu en particulier.

Ceci étant bien convenu : le problème me paraît se résumer dans les questions suivantes :

1° *Qu'est-ce que la décoration?*

2° *L'art dramatique est-il un art utile et bienfaisant?*

3° *Ne faut-il pas un talent réel pour donner la vie à des pages écrites?*

4° *Le comédien* (l'homme) *fait-il vraiment partie du personnage,* (le masque) *qu'il représente?*

5° *Un comédien respectable a-t-il droit au respect public?*

6° *La qualité de comédien doit-elle de fait faire exclure la décoration, fût-elle méritée d'autre part?*

Répondre à certaines questions par oui et par non serait peut-être suffisant, les étudier toutes me semble préférable.

Examinons-les donc l'une après l'autre, et cherchons à quels sentiments on se laisse aller en voulant démontrer le contraire.

1° *Qu'est-ce que la décoration?*

La décoration est : ou une marque de haute estime ou un brevet de supériorité décerné par un pays à ceux qui lui ont rendu des services. Non-seulement la croix de la Légion d'honneur s'accorde au mérite militaire, mais elle est encore la récompense des grandes qualités civiles. Ce n'est pas l'accompagnement obligé de certaines positions (comme on l'a dit), ce ne serait plus alors qu'une sorte de patente. Il est naturel qu'on la rencontre plus fréquemment chez les individus qui se trouvent par leur position appelés à rendre plus directement des services à la société.

La croix est une récompense. — Tout homme d'un mérite distingué a droit à la recevoir. L'homme de lettres, le professeur, le sculpteur, l'architecte, l'industriel, le commerçant même, reçoivent la croix. — Les fonctionnaires de l'État la reçoivent plus facilement que d'autres, parce que l'État, qui ne peut pas tout savoir, s'empresse de récompenser ceux dont les qualités lui sont facilement connues.

Je vais paraître ridicule à bien des gens; je crois encore à la décoration. Je la considère comme la proclamation solennelle de la supériorité de celui qui la porte; et, à ce titre, je viens dire : Si la décoration est encore quelque chose, à tout homme respectable que vous reconnaissez être réellement au-dessus des autres, — donnez-la.

2° *L'art dramatique est-il un art? — Est-ce un art utile et bienfaisant?*

Si ce n'est pas un art, qu'est-ce donc? — Non-seulement je vois en lui un art comme les autres, mais encore j'y retrouve le peintre dans la disposition des costumes, la mise en scène, le choix des décors et l'art de donner à la figure l'air du personnage que l'on veut représenter. — L'étude des poses me rappelle la statuaire. — L'étude de la diction n'est autre chose qu'une sorte de musique. — L'inspiration est de la poésie appliquée.

Une intonation, un geste, une disposition scénique, un costume, sont toujours le résultat de longues méditations. Cet homme, que vous voyez sur la scène, bien gai ou bien triste, effrayant tout à l'heure et comique maintenant, vit d'une seconde vie qui n'est pas la sienne. Il réfléchit beaucoup sur chaque syllabe qu'il prononce, et ne laisse échapper ni un son ni un geste, qu'il ne l'ait longtemps étudié. Il vous amuse, et pendant que vous vous amusez, il médite, il travaille. Sous ce personnage, il y a un homme caché qui, froid le plus souvent, mesure tout ce que vous voyez ou entendez, d'autant plus savamment que vous ne vous doutez seulement pas qu'il travaille.

Quant à l'utilité du théâtre, elle n'est pas contestable. C'est

l'école de la philosophie populaire ; c'est là que le drame et la tra-
gédie exposent les grandes passions et les grands caractères ; c'est
là que la comédie, tout en riant, a corrigé plus d'un ridicule ; c'est
sur les planches qu'ont été sacrés Georges Dandin, Turcaret, Mer-
cadet, Figaro, Desgenais, Scapin, Dorine, Célimène. — Ce n'est
pas un vain amusement que le théâtre, c'est une grande *École de
Morale*. — Le *Mariage de Figaro* a beaucoup aidé à la Révolution
française. — Le *Chevalier de Maison-Rouge* a contribué à faire
aboutir la Révolution de Février. — C'est à la suite d'une représentation de la *Muette de Portici* que la Révolution belge a
éclaté.

Avec rien on ne fait rien. — Assurément le théâtre est quelque
chose. De nos jours, il travaille avec succès à faire mépriser la
richesse mal acquise et à élever le mérite personnel au-dessus
du mérite pécuniaire. — Il y a quelques mois, il abattait une puissance financière dont l'existence était immorale. Il n'a pas fini ; il
en abattra bien d'autres.

Ceux qui servent à proclamer sur la scène de grandes vérités, à représenter et à ridiculiser de grands travers, sont-ils donc
sans aucune utilité? S'il est nécessaire, pour reproduire un personnage vrai, de le montrer avec tout ce qu'il peut avoir de ridicule ;
l'acteur en est-il moins respectable parce qu'il s'astreint à la vérité pure, ou que, désireux de faire mieux ressortir les travers de
son personnage, il les rend plus sensibles? — Évidemment non. Et
celui qui occupe dans la société la place que tient un comédien,
lui rend un contingent de services dont elle doit lui être recon-
naissante.

3° *Ne faut-il pas un talent réel pour donner la vie à des pages
écrites?*

Assurément oui. — Tout individu qui n'est ni sourd, ni muet
(c'est-à-dire presque tout le monde), possède les outils nécessaires
pour faire un comédien. Voyez cependant combien le nombre des
comédiens, si grand qu'il soit, est restreint relativement; et, dans
ce nombre, quelques-uns sont médiocres, très-peu passables, et
combien peu sont bons! Cependant tous aspirent à la perfection ; —
la médiocrité même est le résultat d'un travail continu. On n'y

arrive pas sans une certaine dose d'intelligence et de dons naturels.
— Pour qu'il en soit ainsi, il faut que l'art dramatique offre de
bien grandes difficultés. En effet, pour représenter Alceste, Phi-
linte ou Tartuffe, il faut un profond penseur. A moins de trouver
un génie égal à celui de Shakspeare, on ne peut représenter dans
toutes leurs perfections Hamlet, Macbeth, etc. — Il faut, pour
comprendre chacun de ces personnages, une connaissance infinie du
cœur humain. Il doit être bien difficile de rendre sans affectation
tous les sentiments que chacun d'eux éprouve. — Le comédien doit,
avant toute chose, s'identifier avec son personnage, bien étudier
tous les sentiments qu'il éprouve et sonder le fond de son âme. —
Après avoir examiné l'ensemble de son rôle, il faut qu'il le considère dans chacun de ses détails et qu'il le dissèque, pour ainsi dire.

L'acteur doit nécessairement savoir par quelles intonations se
révèle tel ou tel sentiment ; quels gestes se produisent naturelle-
ment sous telle ou telle influence morale ; il doit toujours assimiler
chaque parcelle du rôle aux nécessités de l'ensemble, et savoir à
quels sentiments se rattache chaque mot (il est peu de gens qui
doivent aussi profondément connaître la valeur des mots que
les comédiens).

Telles sont quelques-unes des difficultés que présente la partie que
j'appellerais volontiers *partie active* de l'art dramatique, et qui n'en
est que la moitié la plus facile ; car bien dire n'est qu'un demi-
talent, il faut aussi savoir bien écouter. — Dans un rôle, ce qui est
écrit est plein de pensées tout indiquées, qu'il ne s'agit que de colo-
rer ou d'animer ; mais dans la partie muette, l'acteur doit vivre dans
son personnage, ressentir toutes les impressions que produit sur ce
personnage ce qu'il entend et ce qu'il voit. Alors le comédien de-
vient poëte lui-même ; il ne répète point, il improvise. Il n'y a que
les grands artistes qui sachent bien écouter et bien tenir la scène.

Je pourrais parler d'œuvres dramatiques, qui ne sont point sup-
portables à la lecture et qui n'ont dû leur grand succès qu'à une
admirable interprétation. — Les acteurs non décorés, les auteurs
portant la croix ; — qui des deux la méritent ? La pièce n'avait
pourtant de bon que ce que les auteurs n'y avaient pas mis. — Pour
rendre sa pensée il faut du talent ; il en faut souvent plus, peut-être,
pour s'identifier avec la pensée des autres, et surtout pour la creuser.
— L'auteur choisit un modèle qu'il connaît ; le comédien doit
apprendre à les connaître tous.

4° *Le Comédien (l'homme) fait-il réellement partie du personnage (le masque) qu'il représente ?*

La meilleure réponse à cette question est un terme, très-pittoresque, du métier. On dit : *Entrer dans la peau de son personnage, — sortir de la peau de son personnage.* — Si l'acteur entre et sort de son personnage, il le crée donc, le rend vivant et peut le transformer à sa volonté. C'est son œuvre, et par conséquent un être indépendant de sa personne.

— « Monsieur A....., demandait une dame à un comique du plus « grand talent, dites-nous donc un de vos monologues qui sont si drôles ? » — « Mon Dieu, Madame, répondit l'artiste, je ne suis drôle, que tout juste ! ! » Cela pouvait n'être pas galant, — c'était vrai. Je ne sais en général rien de si sérieux que certains acteurs comiques. S'il y a du reste quelqu'un de ridicule dans un personnage mis sur la scène, c'est le type représenté, non celui qui le représente. Dans le vrai comique doit se trouver l'esprit d'observation, de satire.—Pour être comédien, on n'en est pas moins homme, aurait dit Molière, le plus grand des comédiens et l'un des plus grands hommes qui aient existé (1). Car deux des plus grands génies que la terre ait portés étaient deux comédiens : Shakspeare et Molière. — C'est triste pour le genre humain, dira-t-on ; je le veux bien, mais je n'y puis rien faire.

Tout comédien, homme respectable, a droit au respect public. L'élite de toute classe ayant droit au respect public, a droit aux honneurs rendus par la société à ceux de ses membres qu'elle reconnaît supérieurs. — Mais, me dira-t-on, il existe quand même un rapport entre l'habit et celui qui le porte, et quand vous verrez Monsieur A..., déguisé en Gros-René ou en Argan, recevoir des coups de bâton, ou pire, cela ne paraîtra-t-il pas bien inconvenant pour un légionnaire.

Ceux qui soulèvent cette objection me paraissent faire partie des gens qui croient, lorsqu'ils voient une pièce, que « *c'est arrivé.* » Ceci est ou de la mauvaise foi, ce que je veux bien ne pas croire; ou le sublime de l'innocence, ce que je demande à ne croire pas

(1) Quels sont, demandait Louis XIV à Boileau, les deux plus grands hommes de mon temps? — Molière et Lafontaine, répondit l'éminent satirique.

non plus. — Du reste ce n'est pas à monsieur A... qu'on donne les coups de bâton. — Monsieur B..., qui les lui donne, est le plus souvent son inférieur comme talent, il ne se le permettrait pas. — On a vu un fils battant son père ! C'est un Valère ou un Cléante quelconque qui bat un Crispin quelconque.

L'art doit passer avant les ordonnances de police et les choses convenues. La peinture et la sculpture, par exemple, ont des licences qui permettent la production de fort bons ouvrages et qui ne nuisent en aucune façon, ni à la réputation des artistes, ni à la morale publique. Un objet d'art, quel qu'en soit la forme, n'a jamais déshonoré celui qui l'a produit ; — la création d'un rôle est une œuvre d'art. — Si vous croyez qu'un homme s'abaisse en jouant les valets ou les rustres, vous devez admettre qu'il s'élève en jouant les rois et les héros. Dans ce cas, vous devez lui couvrir la poitrine de décorations ; car il se grandit dès lors au-dessus des autres. — Mais gare à lui s'il joue de nouveau les valets ! (car le même artiste remplit souvent les deux emplois). Inutile de parler de ceux qui jouent les traîtres et les assassins ; il est bien entendu que nous les enverrons aux galères, du moment où nous prenons la chose au sérieux.

Les comédiens de salon s'abaissent-ils pour jouer la comédie ?

Avez-vous jamais assisté à un bal costumé ? Croyez-vous que les gens déguisés en grands seigneurs, soient plus ou moins au-dessus de leur valeur réelle, comme hommes, et n'avez-vous jamais entendu parler de bien grands personnages qui avaient revêtu l'habit de Gringalet ou de Jocrisse. Quand ils rentraient dans leur vie privée, pour ainsi dire, ils n'en étaient pas moins les mêmes hommes pour cela. — A mascarade égale, croyez-vous que les comédiens personnellement soient plutôt des pantins que monsieur X..., parce que monsieur X..., n'est rien du tout et qu'ils sont des artistes, et que tous les costumes ne se vaillent pas. Se déguiser est le travail des acteurs, c'est l'amusement des autres ; voilà toute la différence. D'un côté de la coulisse se trouve l'artiste, de l'autre l'homme, et souvent l'homme a le cœur brisé ; — il lui faut rire.

Je me rappellerai toujours un comédien qui fit sa rentrée après avoir perdu un enfant, — car ils ont une famille et ils perdent leurs enfants aussi bien que d'autres, ces gens qui nous font rire ; — il ouvrit la porte d'un salon, tenant dans ses bras une petite fille, il s'arrêta sur le seuil, un sanglot s'échappa de sa poitrine, deux larmes coulèrent de ses yeux, — le silence se fit dans la salle, plus d'une larme répondit aux siennes. La sympathie publique fut immense, la douleur du pauvre père devint la douleur de tout son auditoire, et lorsqu'il voulut dire le premier mot de son rôle, un tonnerre d'applaudissements lui coupa la parole comme l'écho du battement de tous les cœurs, et plus d'un spectateur étouffa ses larmes tout en battant des mains. — Ceci prouve qu'il existe dans l'esprit du public même, deux personnages différents : l'homme et l'artiste.

Si mauvais que soit devenu avec l'âge, un grand comédien, il est considéré comme infâme de le siffler. Quand le maître n'est plus bon on l'applaudit encore, sinon dans ce qu'il est, du moins dans ce qu'il fut. On se tait lorsqu'on ne peut faire autrement. C'est chez les comédiens que la croix serait le mieux placée, parce que là une injustice ne pourrait être commise impunément ; il n'y aurait guère de passe-droit possible, les erreurs grossières seraient dif- ficiles au théâtre ; la valeur de chaque artiste est presque publi- quement cotée.

5° *Un comédien respectable a-t-il droit au respect public ?*

Cette question paraît absurde au premier abord ; — peut-on de- mander une chose pareille ! s'écriera-t-on. — Oui, je la demande, dans le but unique de montrer combien paraît inouï, peu de jours après sa chute, un préjugé quelconque. — Il n'y a pas longtemps, beaucoup de gens avaient pour conviction bien assise, qu'il était dégradant de jouer la comédie par profession. Si on leur pose encore aujourd'hui la question d'une façon sérieuse, ils répondront généralement ainsi, en secouant la tête : « Évidemment il n'y a « aucun mal là-dedans, — je ne vous dis pas le contraire ; mais en- « fin... je n'aime pas cela. — Je ne saurais dire pourquoi, mais je « n'aime pas cela. » Ceci est la marque de l'esprit qui ne veut pas se rendre à l'évidence. C'est la forme sous laquelle on reconnaît invariablement les préjugés mourants ; mais, hélas ! ils ont une agonie bien longue parfois. — Le préjugé est la croyance hérédi- taire ; — il a toutes les allures d'un instinct. — La prévention contre les comédiens est purement instinctive, donc c'est un pré- jugé. Si c'en est un, il doit disparaître.

Les préjugés sont des frélons dans la ruche de la morale et de la raison aux dépens de qui ils existent.

Rien ne ressemble plus à une vérité et rien n'est plus facile à démontrer que quelques-unes des vérités fausses de ce genre. — Il est évident qu'un comédien quelconque, dont la vie est irréprochable, a droit à la considération des autres hommes, quoique comédien. Cependant si l'on veut démontrer le contraire, avec beaucoup d'adresse et un peu de conviction, on le peut facilement. — On reconnaît toujours la démonstration d'un préjugé à ce qu'elle a un préjugé pour base.

Pour prouver qu'un comédien n'est pas respectable, il suffit de poser le problème ainsi : « *L'homme qui se donne en spectacle au « public ne s'abaisse-t-il pas ?* » — Malheureusement pour la démonstration, ce n'est point lui qui se donne en spectacle, c'est le plus souvent un membre du public même qu'il livre à la risée de tous les autres. — Il n'y a aucun mal à se faire voir, du reste. Ne s'expose pas qui veut aux regards de tous. J'en sais beaucoup qui font mieux de rester cachés.

Cette haine de la publicité ou plutôt de la sellette est un préjugé dont la source est : ou la crainte de se montrer, aux prises avec le désir d'être vu ; ou une sorte de dépit contre la timidité qui entrave l'ambition. Je trouve même fort beau de la part d'un homme, de se placer devant les autres, et de dire : Messieurs, j'ai de la couleur sur les mains et sur la figure ; je ne trompe personne et ne fais tort à qui que ce soit ; je revêts les habits de tel personnage et j'essaie de le représenter. Si vous croyez que j'y réussis, vous me le ferez savoir en frappant vos mains l'une contre l'autre ; — nous appellerons cela applaudir. Si je ne réussis pas selon votre appréciation, vous ferez entendre un sifflet. — Le sifflet n'est pas plus un déshonneur que l'applaudissement n'est une gloire ; l'un est une marque d'improbation, l'autre d'approbation. — On applaudit et l'on siffle les professeurs dans tous les cours publics, — cela n'a rien de déshonorant pour eux. Il arrive que les sifflets et les bravos ont tort. — Combien de professeurs et de comédiens n'ont dû leur insuccès qu'à trop de vérité ; — combien de fois la démonstration hostile du public, est-elle venue de ce qu'il ne les comprenait pas, — et combien d'ouvrages n'ont pas réussi devant le public parce qu'ils étaient trop beaux ou trop originaux ou trop profonds. — On a sifflé *le Barbier*, de Rossini, dans l'origine. — Shakspeare a trouvé *à peine* grâce, il y a quelques jours seulement, devant l'esprit français ! — Pas une de ses œuvres, si bonne qu'en soit la traduction, n'avait pu être jouée. — Il n'y a pas dix ans qu'on joue, pour ainsi dire, du Beethoven en France, en dehors du monde artiste.

S'il était déshonorant d'être sifflé, que seraient les auteurs, qu'on siffle plus souvent que leurs interprètes? et la manifestation s'adresse parfois à leur personne et à leur caractère autant qu'à leurs œuvres! — Les ouvrages du plus grand mérite peuvent ne pas plaire au public, — qu'ils soient ou non de son goût, cela ne change rien à leur valeur réelle. — Qu'une pièce soit attachante ou amusante, elle n'a pas besoin d'être bonne pour être applaudie. — Les plus grands chefs-d'œuvre sont bien moins représentés qu'une grosse farce ou qu'un drame bien effrayant. — Il y a deux sortes de succès : le succès d'estime et le succès de vogue. — Le public déserte souvent la salle où l'on représente un chef-d'œuvre, — c'est presque une demi-chute, — tandis qu'il applaudit de toutes ses forces un ouvrage mauvais ; — cela se voit tous les jours et prouve chaque fois plus que le bravo est purement une marque de sympathie. Cela prouve que l'œuvre est faite à l'aune du goût public et non pas qu'elle est bonne. — N'est-il pas vrai que le public de toutes les classes, répète une misérable chanson — et des choses de grand mérite reçoivent un accueil indifférent!... — L'applaudissement ou le sifflet indiquent l'impression produite sur l'auditoire ; — rien de plus. — L'acteur a le droit de juger l'appréciation des spectateurs. — J'ajouterai que le comédien est parfois beaucoup plus apte à juger que chacun de ceux qui l'écoutent.

Il est des comédiens qui rient de leurs propres succès.

6° *La qualité de comédien doit-elle exclure de fait la décoration, fût-elle méritée d'autre part?*

De trois choses, l'une : ou vous respectez le comédien, ou vous le méprisez, ou vous le considérez comme un être complétement nul au point de vue de la morale. — Dans le cas où vous le mépriseriez, il est logique de ne point lui laisser porter d'insignes honorifiques; mais alors, retirez-lui tous les autres droits civils, le légionnaire doit être sans tache. Je ne crois pas que, de notre temps, quelqu'un puisse dire : un homme *hors la loi* parce que c'est un comédien. Cependant on ne décore pas certains peintres, sculpteurs, auteurs, poëtes, professeurs, médecins, parce que, à tous leurs talents, ils joignent celui de comédien.

Voici des faits qui peuvent se présenter chaque jour. — Une exposition des beaux-arts s'ouvre : — trois artistes (fort connus) exposent, le jury trouve leurs œuvres dignes de la croix ; — il ne la leur donnera pas ; — s'il avançait la main pour les décorer, le *préjugé* lui saisirait le bras en lui criant : *Halte! c'est un comédien; il est en ma puissance !* — Comment appelez-vous cela! — Pour moi, je m'abstiens de le qualifier.

Certain médecin a fait des travaux importants, il a enrichi l'art médical de découvertes utiles et il a inventé des appareils de chirurgie. — Tout le monde profite bien de ce qu'il a produit, — et si demain l'Académie de médecine voulait demander une récompense pour lui, elle n'oserait pas le faire, car il a le tort de joindre à tous ces mérites le talent de comédien, d'excellent musicien et de chanteur et professeur hors ligne.

On donne pour excuse à cette injustice, qu'on ne peut exposer la croix à être sifflée. — Je pense vous avoir suffisamment montré c e que siffler veut dire, et que l'acteur et l'homme sont deux êtres distincts. — Si c'est de la cabale qu'on veut parler, je répondrai avant tout, que la cabale est une bassesse et que la Légion d'honneur est trop haut placée pour s'en inquiéter. J'ai fait voir d'autre part qu'on sifflait les auteurs, les professeurs, et cela sans conséquence. — C'est à l'artiste que le sifflet pourrait s'adresser en tous cas, jamais au ruban rouge. Il y a trop de gens qui le portent et trop surtout qui y aspirent pour qu'on lui fasse quoi que ce soit qui le discrédite. — Il me semble vraiment que ces arguments n'en sont pas, et que, en admettant qu'on ne décore pas l'acteur comme acteur *(ce que je n'admets pas!),* on ne peut pas arracher la croix à un homme parce qu'il est au théâtre. — Supposons que dans un concours de peinture, par exemple, les ouvrages soient désignés par une devise ou un numéro. Le jury décore l'auteur d'un tableau ; moralement, le peintre a donc reçu la croix; mais on s'aperçoit qu'il est comédien, on ne la lui donne pas; — moralement on la lui arrache, ceci est inqualifiable ! — Rien ne défend du reste à un homme décoré de se faire comédien, et le cas s'est présenté plusieurs fois. — Il y a au fond de ces théories sur le théâtre, un sentiment que Lafontaine a expliqué dans la Fable : le **Renard et les Raisins.** Il est bien caché, ce sentiment-là, mais il existe; et c'est l'origine de tous les autres. Cette gloire, on devrait moins l'envier, car s'il est vrai quelque part que « *le talent n'est fait que des larmes qu'il coûte,* » c'est sur les planches plus que partout ailleurs.

Je crois les questions que j'avais posées suffisamment démontrées.

J'ajoute quelques réflexions et je conclus.

Deux personnes ont fort souvent sur une même chose deux manières de voir diamétralement opposées, ayant pour base des convictions également fortes. — L'une des deux a tort assurément. — On doit donc toujours discuter sa propre conviction. — Si ce n'est un moyen de flatter l'amour-propre de son jugement, c'en est un d'affermir ce qu'on croit sur les bases de la raison ou de sortir d'une erreur où l'on marchait aveuglément. — Ne pas discuter sa croyance envers soi-même, c'est en douter. — Une chose bonne ne doit pas craindre l'examen. — Voir une erreur et la rectifier est bien plus un signe de force que de s'attacher à une idée sans en démordre.

Qui ne change jamais de conviction n'en a pas, et n'a que des partis pris. — Pour s'arrêter à tout jamais à une manière de voir, il faut se croire infaillible; notre vanité veut nous le persuader; l'expérience de chaque jour nous prouve le contraire. — Qui ne modifie jamais sa manière de voir n'est qu'un sot, qui, ayant porté un jugement une fois, ne veut plus l'examiner de nouveau, de crainte de le trouver défectueux et d'être obligé d'en formuler un autre.

Je croyais avoir parfaitement raison au sujet de la décoration des comédiens. — J'ai cherché tout ce qu'on pouvait objecter. — Plus j'entendais d'objection, plus ma conviction s'affermissait. — On ne m'a pas donné deux fois la même raison !

Voici quelques-unes de celles qui paraissent les plus judicieuses :

1° *Si vous décorez les comédiens, vous devez décorez les comédiennes, et leur vie n'est pas toujours digne.* — Je réponds à cela : 1° Dans aucun art on ne décore les femmes; 2° On ne doit admettre, dans aucune classe de la société, la Légion d'honneur appliquée à des gens de mauvaises mœurs.

2° *On ne doit pas décorer les comédiens, à moins que ce soient de grands génies.* — L'homme qui serait publiquement reconnu un grand génie n'a pas besoin de la Légion d'honneur; elle ne le rehausserait aucunement. — On n'appelle, du reste, des génies que les morts, les mourants et les exilés. — *Un Génie* ! On ne dit ce mot-là que de loin. On n'appelle pas un génie celui qu'on peut voir pour rien dans la rue ou qu'on achète le droit de siffler pour quelques sous. Lorsqu'on voit un *Monsieur* fait et mis comme tout le monde, on a bien de la peine à s'imaginer qu'on a plus qu'un homme devant soi. — Creusez ce sentiment-là, l'étude en est fort intéressante.

3° *Que les comédiens quittent le théâtre, et alors nous les décore-*
rons.—Vous pouvez proposer la croix dans ces conditions; un homme
respectable ne l'acceptera pas : il saura bien vous répondre qu'on
ne renie pas son passé, et qu'on ne vend pas un principe pour un
bout de ruban et pour un brin de gloriole. Le comédien auquel vous
offririez ainsi la croix doit jouir assurément d'une réputation assez
belle et d'une notoriété assez grande, il ne ferait, en acceptant,
que prouver une petitesse de sentiments; tandis que refuser serait
sacrifier à la cause de l'art et remplir un devoir. — Mais vous
n'aurez jamais l'idée absurde de dire à quelqu'un : « Je vais vous
récompenser pour ce que vous avez fait, à condition de ne plus jamais
« le faire.» Je demande maintenant à placer un tout petit argument
pour moi.

Beaucoup d'instrumentistes viennent devant le public pour l'a-
muser avec leur habit *à eux*, leur figure *à eux*, leur personne *à*
eux, leur nom *à eux*, leur ruban *à eux*, s'exposer aux bravos, —
donc au sifflets; — et vous ne dites rien ! — Et le comédien a cet
avantage sur les instrumentistes, qu'il n'a rien de lui-même. C'est
de la logique, je crois?

La décoration doit être accordée, chez les comédiens, comme
partout ailleurs; elle doit être donnée avec réserve.

Cependant, il y a des grades, on doit les proportionner au mérite.

Je conclus donc en disant que :

1° Les comédiens pratiquent un art difficile qui demande toujours
du talent, parfois du génie.

2° Qu'en décorant les comédiens *comme artistes dramatiques* et
étant sur les planches (encore un *mot* qui choque !), on élève eux et
leur art; on forme ainsi deux êtres bien distincts pour tous :
l'homme avec son talent et le *rôle créé* par lui. On abat par cela
seul le préjugé qui les frappe; on ouvre une carrière honorable
par elle-même et *profondément honnête*, à des gens qui craignaient
de l'aborder, parce qu'elle était encore presque frappée d'ana-
thème.

3° Que l'art dramatique exerce une grande influence sur la
morale.

4° Que de nos jours, dans leur vie privée, les comédiens sont
tout aussi respectables que qui que ce soit, et qu'il n'y a pas
plus lieu de les exclure des honneurs rendus par la société qu'on ne

les avaient exclus des cérémonies religieuses. — C'était une vieille vengeance qui datait du temps (des mystères de la Passion) où les comédiens profanes faisaient concurrence aux comédiens sacrés. — Les prêtres excommunièrent la race des comédiens, craignant et pour leurs recettes et pour leur influence, et c'est de ce vieux préjugé mort, depuis peu d'années, que nous vient encore celui dont nous avons tant de peine à nous défaire de nos jours. — Agir sous l'impression d'idées pareilles, à notre époque, est vraiment trop absurde. Comment! il y aurait une classe entière d'individus qui ne jouiraient pas des mêmes *droits* que les autres! — Cela n'aurait pas de nom!

Ce n'est pas en implorant qu'on doit demander la croix pour ces artistes. On *implore* une *grâce,* on *revendique* un *droit.* — C'est un droit!

ÉPILOGUE.

Des faits se présentent à l'instant qui sont plus éloquents qu'aucune théorie.

1° Frondant le préjugé d'une partie de sa cour, la reine d'Espagne invite une comédienne à un bal auquel elle assiste. — 2° un comédien faisait ses adieux au public; un spécimen de croix tombe sur la scène, quatre salves d'applaudissements fiévreux accueillent cette manifestation. — 3° L'Empereur, l'Impératrice et toute la cour assistent à la dernière représentation de deux comédiens, et ne quittent le théâtre, à l'une des représentations, qu'à une heure et demie du matin. — Précédemment les Anglais votaient par souscription un souvenir d'estime à leur plus ancien acteur. — Le roi d'Italie conférait Saint-Maurice et Lazare à un comédien, et le roi des Belges l'ordre de Léopold à un chanteur; — le général Guédéonoff prononçait un toast et publiait une lettre en faveur de la décoration des artistes dramatiques. Voici donc : une reine, un Empereur, le représentant d'un autre, deux rois, un public entier et tout un grand peuple proclamant l'honorabilité des comédiens. — Une administration n'a pas l'énergie de le faire!

Paris. — Imp. de L. Tinterlin et Cᵉ, rue Nve-des-Bons-Enfants, 3.